Juan Miguel López

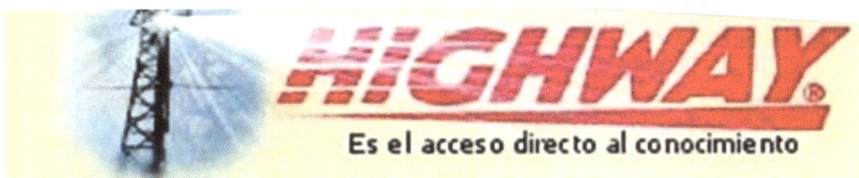

Es el acceso directo al conocimiento

Arte y Dibujos
Segundo Volumen del Primer Libro de la Undécima Serie 365Selecciones.com

Juan Miguel López

Con los Ojos del Alma

Editorial HIGHWAY is a venture of PATH Sociedad Anónima, Argentina. We take care of editing and disseminating Cultural, Educational, Scientific and Technological content of great pedagogical quality.

See all the news on our site http://365selecciones.es/

PATH SOCIEDAD ANONIMA DE ARGENTINA / Fiscal Registration: 30-64999935-6

Con los ojos del alma

Este segundo tomo, de un total de cuatro, pertenece al Primer Libro, de la Undécima Serie de la Colección 365Selecciones.com, dedicada al Arte, en todas sus expresiones.

Este Primer Libro constará de 4 tomos. Cada tomo se compone de 20 dibujos aproximadamente, dependiendo de su extensión.

La importancia de enseñar dibujo es fundamental, para poder darle fluidez a las ideas y sentimientos, así como poder desarrollar el pensamiento simbólico y abstracto.

Los otros libros de la Colección incluyen Cuentos Sagrados; Cuentos de la Naturaleza; Cuentos de Reyes y Reinas, Princesas y Príncipes; Cuentos Variados; Cuentos de Hadas, Duendes y Gnomos, Cuentos Heroicos y Cuentos Clásicos, así como Libros de Ciencia.

Estoy convencido de que toda la colección, será un verdadero Tesoro que sus hijos agradecerán toda su vida. También será un regalo para Usted mismo, ya que le traerá recuerdos de su propia infancia, e inmenso alivio y fecunda reflexión espiritual, en medio de tantas dificultades que encontramos en la Vida.

Estos pensamientos sólo los terminamos de entender y valorar, en su real dimensión, cuando llegamos a nuestra madurez personal.

Juan Miguel López

This second volume, of a total of four, belongs to the First Book, of the Eleventh Series of the 365Selecciones.com Collection, dedicated to Art, in all its expressions.

This First Book will consist of 4 volumes. Each volume is made up of approximately 20 drawings, depending on their length.

The importance of teaching drawing is fundamental, to be able to give fluidity to ideas and feelings, as well as to be able to develop symbolic and abstract thinking.

The other books in the Collection include Sacred Tales; Tales of Nature; Tales of Kings and Queens, Princesses and Princes; Assorted Stories; Tales of Fairies, Elves and Gnomes, Heroic Tales and Classic Tales, as well as Science Books.

I am convinced that the entire collection will be a true Treasure that your children will appreciate all their lives. It will also be a gift for yourself, since it will bring back memories of your own childhood, and immense relief and fruitful spiritual reflection, in the midst of so many difficulties that we encounter in Life.

We only end up understanding and valuing these thoughts, in their real dimension, when we reach our personal maturity.

Con los ojos del alma

CARTA DEL EDITOR

Quiero presentar este libro, como el primero que surge de uno de nuestros lectores, luego de una larga serie de publicaciones educativas. Es un gran honor tenerlo al señor **Juan Miguel López**, y espero que éste sea, el primero de los libros que nos envíe para su publicación.

Siguiendo el formato que hemos acordado en la editorial, desde su inicio en 2013, hemos dividido su libro de dibujos y reflexiones, en cuatro tomos, a fin de lograr para cada uno de ellos, un precio accesible, y un peso liviano, para poder leerlo cómodamente.

Saber dibujar es esencial. El dibujo complementa nuestra capacidad de leer, escribir y comprender nuestro mundo, de una manera integral. Hacerlo de manera artística, es ya un don. Los artistas se merecen toda nuestra admiración, respeto y apoyo institucional.

Deseo expresar mi agradecimiento también, a la señora **Irma Villalobos**, esposa de Juan Miguel, por haber iniciado el primer contacto, a fines de 2020, en plena pandemia. También a su hija, **Ruby Lopez Villalobos**, quien colaboró activamente, revisando la traducción al idioma inglés.

Juan Miguel López

Todo se demoró por las restricciones que tuvimos, y porque estaba y estoy involucrado, en otra rama de la editorial HIGHWAY, que se abría ese mismo año, referido a un algoritmo diseñado, para predecir de una manera eficaz, las tendencias de fondos, de los precios futuros de las materias primas.

Hago votos para que este libro te sirva, y que te ayude a iniciarte en el dibujo.

El autor me ha enviado una carta personal, en la que expresa, su deseo de cumplir con la sentencia, del Quinto Distrito del Tribunal de Apelaciones del estado de Texas, acerca de resarcir económicamente, a quienes perjudicó con sus inversiones, por medio de los ingresos por regalías, que obtenga de la venta de estos tomos.

La editorial solo percibirá un 5% de las mismas, a fin de ayudarlo a cumplir con este resarcimiento, lo más rápido posible.

Les envío a todos, un cordial y afectuoso saludo.

Ing. Pedro Daniel Corrado / Buenos Aires - Argentina

Con los ojos del alma

EDITOR'S LETTER

I want to present this book, as the first to come from one of our readers, after a long series of educational publications. It is a great honor to have Mr. **Juan Miguel López**, and I hope this is the first of the books, that he sends us for publication.

Following the format, that we have agreed upon in the publishing house, since its inception in 2013, we have divided his book of drawings and thoughts, into four volumes, in order to achieve an accessible price for each of them, and a light weight, to be able to read it comfortably.

Knowing how to draw is essential. Drawing complements our ability to read, write and understand our world, in a comprehensive way. Doing it artistically is already a gift. The artists deserve all our admiration, respect and institutional support.

I also want to express my gratitude to Mrs. **Irma Villalobos**, Juan Miguel's wife, for having initiated her first contact, at the end of 2020, in the middle of the pandemic. Also to his daughter, **Ruby Lopez Villalobos**, who actively collaborated, reviewing the translation into English.

Everything was delayed due to the restrictions we had, and because I was and am involved in another branch of the HIGHWAY publishing house, which opened that same year, referring to an algorithm designed, to effectively predict the trends of funds, of future commodity prices.

I hope that this book will serve you, and that it will help you get started in drawing.

The author has sent me a personal letter, in which expresses his desire, to comply with the judgment of the Fifth District of the Court of Appeals for the state of Texas, regarding financially compensate to those who were harmed by his investments, through income from royalties, obtained from the sale of these volumes.

The publisher will only receive 5% of the royalties, to help him to comply with this compensation as soon as possible.

I send you all a cordial and affectionate greeting. Eng. Pedro Daniel Corrado / Buenos Aires - Argentina

ARTE

CON LOS OJOS DEL ALMA

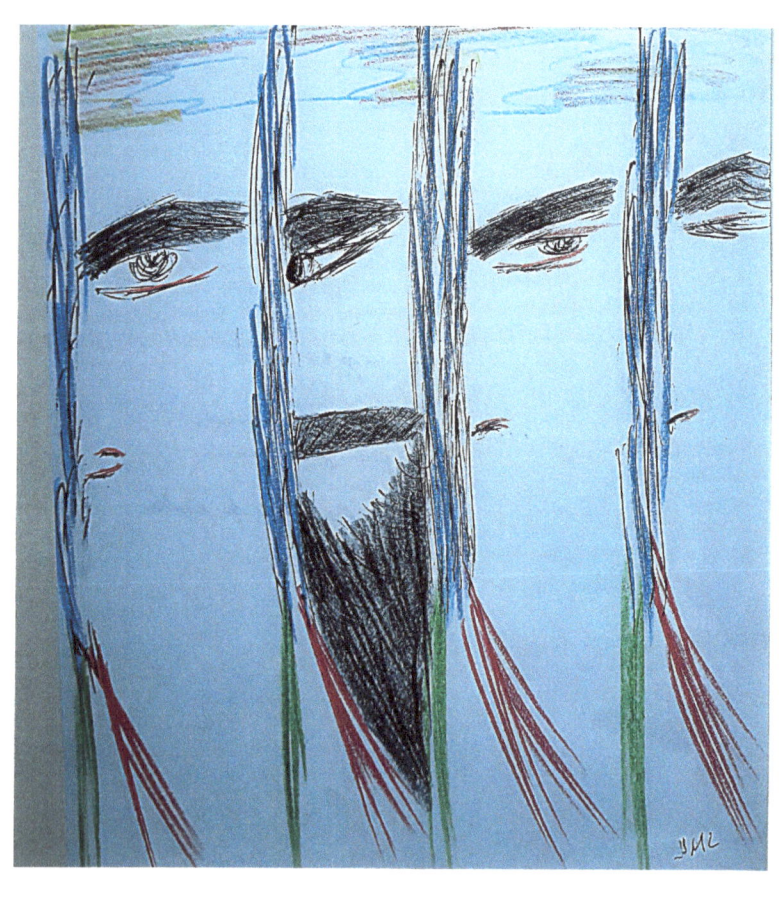

Juan Miguel López

Estos dibujos los he hecho desde mi celda. He plasmado lo que mis ojos internos, ven, lo que oigo, lo que recuerdo. Cada dibujo tiene una frase mía, o escuchada en algún rincón del mundo. En algún escondite de la vida.

La firmo como "**Salomón de la calle**", por ser la calle la que me enseñó a ver el mundo, escuchar sus colores, saborear sus sombras, sus claros oscuros,

Para su realización utilicé, lo que a aquí, en la cárcel nos permiten: 12 lápices de colores, hojas blancas, lápiz y pluma. Estas son mis herramientas, para llevar mi imaginación, adonde no hay límite.

Con los ojos del alma

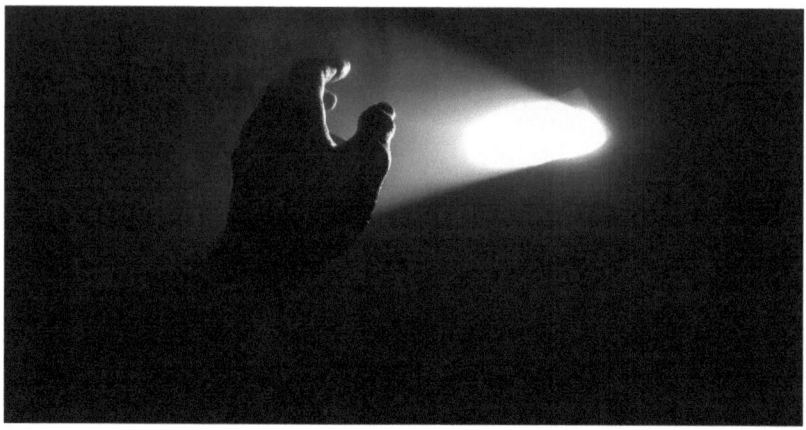

With the eyes of the soul

I have made these drawings from my cell. I have captured what I've seen, what 've heard, and the things that I remember. Each drawing has a phrase of mine, or on that I've heard n some sma corner of the world. In some hidden place of life.

*I sign it as **"Solomón de la calle"** (Solomon of the Street), because this is the street that taught me to see the world, listen to the colors, savor the shadows, the lightness in the dark.*

For the achievement of this work, I used what we are alowed here in prison: 12 coored pencis, white sheets of paper, a pencil and pen. These are my tools, to take my imagination, to a place of no limit.

Juan Miguel López

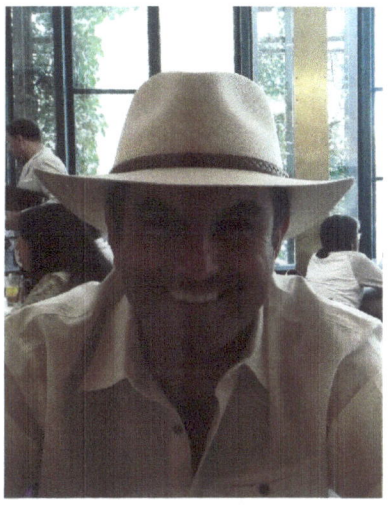

Juan Miguel Lopez

Juan Miguel López. Tenor Lírico spinto. Creativo, visionario, apasionado en todo lo que emprende, gusta de las Bellas Artes. Su inclinación por el dibujo comenzó desde niño. Aunque ahora privado de su libertad, su imaginación no conoce límites.

Actualmente, Juan Miguel López, se encuentra recluído, en una cárcel de Texas, USA.

Con los ojos del alma

Juan Miguel Lopez

Lirico spinto tenor. Creative, visionary, and passionate in everything that he launches, fan of the fine arts. His inclination towards drawings started as a young child. Even now, deprived of his freedom, his imagination knows no bounds.

At this time, Juan Miguel Lopez, is being secluded at prison in Texas, USA.

Juan Miguel López

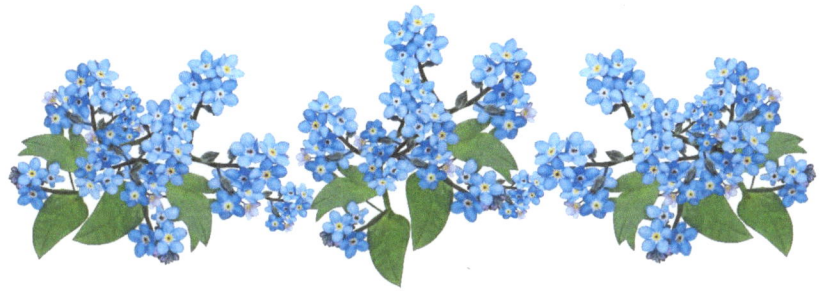

DEDICATORIA

A MI ESPOSA
Para ti, flaquita, que eres y has sido, la fuente de inspiración,
en el lienzo de mi vida.

A MI HIJA
Mi hija chula, que le diste color y armonía, a toda mi existencia
Gracias por todo. Las quiero.

Con los ojos del alma

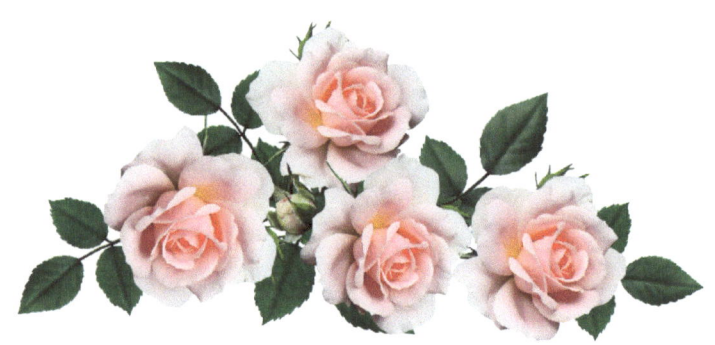

DEDICATION

TO MY WIFE
For you, Flaquita, who is and has been the source of inspiration,
the canvas of my life.

TO MY DAUGHTER
My sweet daughter, who gave color and harmony to my entire
existence

Thanks for everything. I love you both.

Juan Miguel López

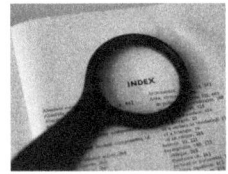

Índice

Primer Volumen

Destellos de Fe

Rasgos de Tinta

Segundo Volumen

Algarabía de color

Mi realidad

Autorretrato

Tercer Volumen

Estirando el cuerpo

Personajes y Personas

Cuarto Volumen

Ópera

Difuminados

Las señoritas de la Rivera

Surrealismos

Con los ojos del alma

Index

First Volume

First Volume

Sprinkles of Faith

Streaks of Ink

Second Volume

Hubbub of Color

My Reality

Self Portrait

Third Volume

Stretching the body

Characters and People

Opera

Fourth Volume

Blurrness

The Ladies of the Rivera

Surrealisms

Juan Miguel López

ALGARAVIA DE COLOR / HUBBUB OF COLOR

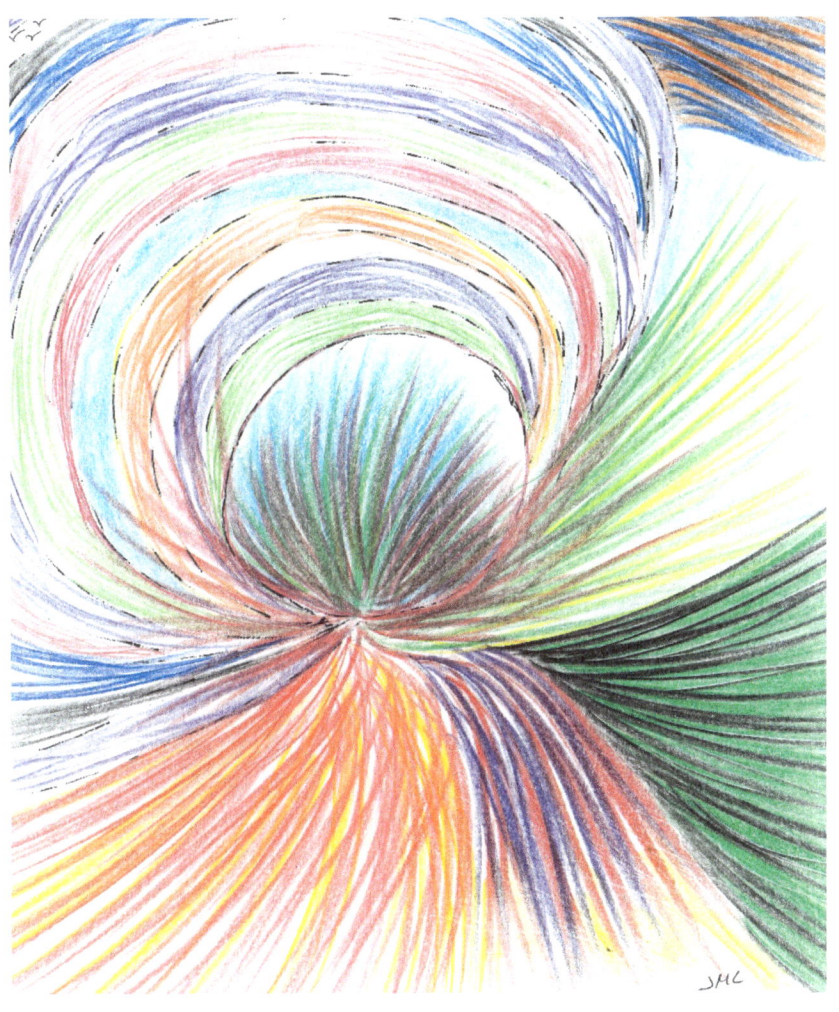

Con los ojos del alma

"Ruby, peinada con cola de caballo"

......debemos pedir, como si todo dependiera de Dios, y actuar como si todo dependiera de nosotros ...

San Ignacio de Loyola

"Ruby, styled with a ponytail"

...we must ask, as if everything depended on God, and act as if everything depended on us...Saint Ignatius of Loyola

Juan Miguel López

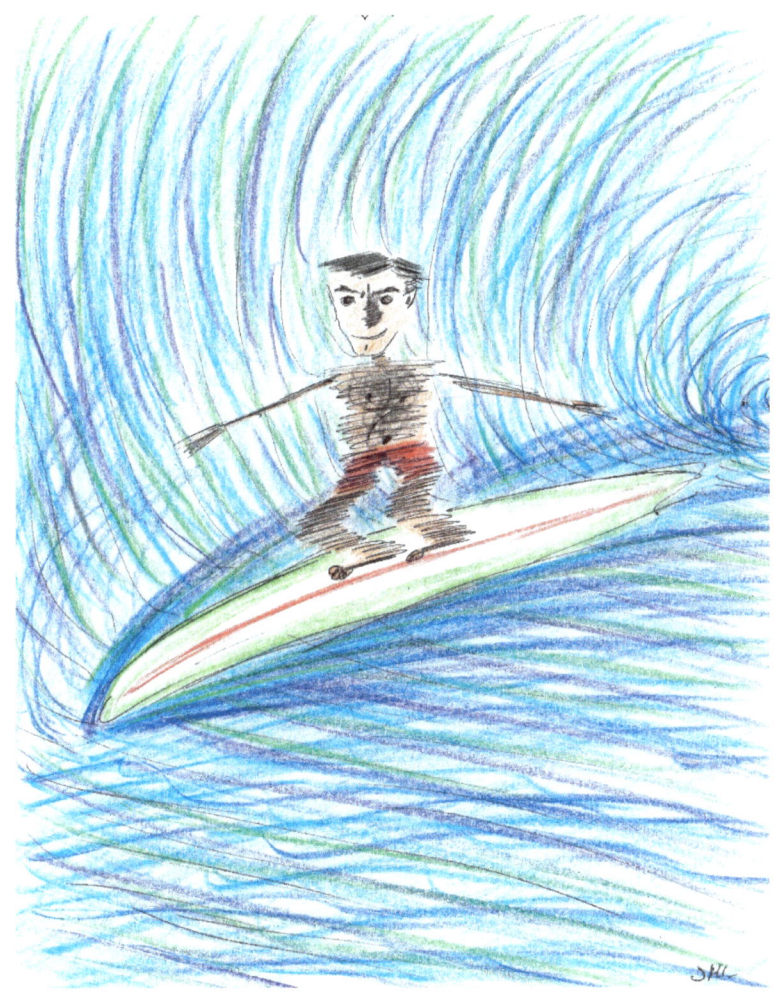

Con los ojos del alma

= aquí cruzando las olas =

...si no vas a aportar, no restes...

Salomón de la Calle

Aquí, cruzando las olas

...si no vas a aportar, no restes

Salomón de la Calle

Here, crossing waves

...if you are not going to contribute, do not rest

Solomon of the Street

Juan Miguel López

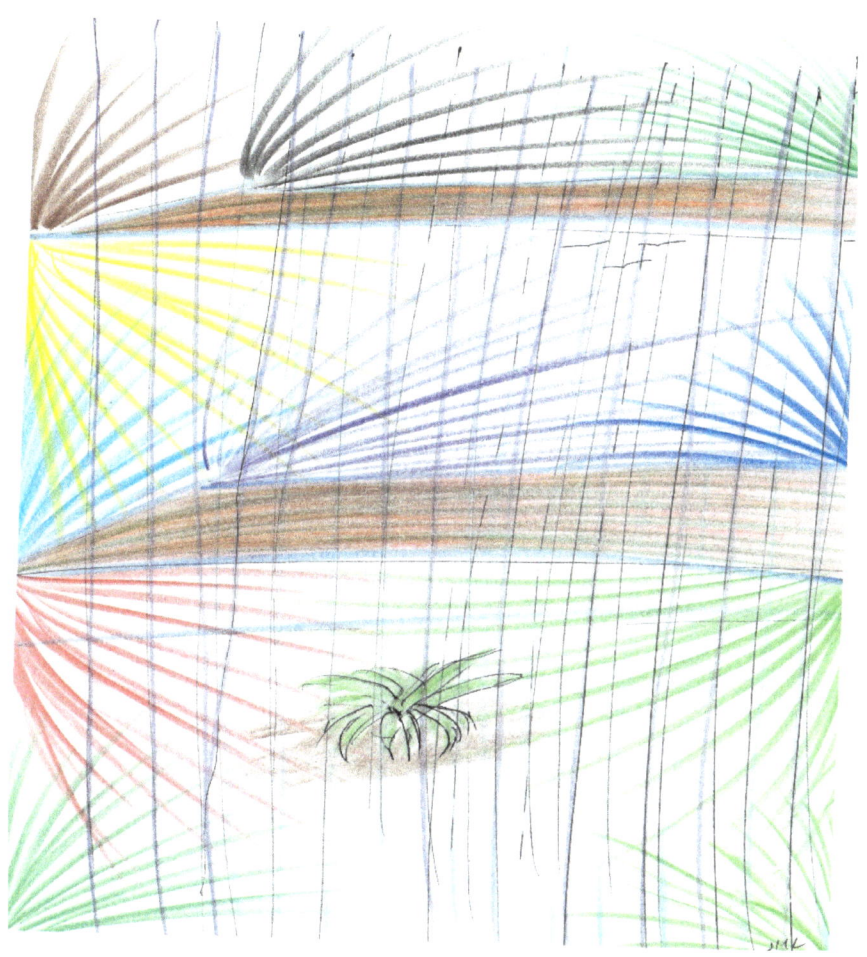

,

Con los ojos del alma

— agaves —

...jugáte siempre fue de mis pasiones...
Lope de Vega —

agaves

"jugáte siempre, fue de mis pasiones..."

Lope de Vega

agaves

"Always playing, was one of my passions..."

Lope de Vega

Juan Miguel López

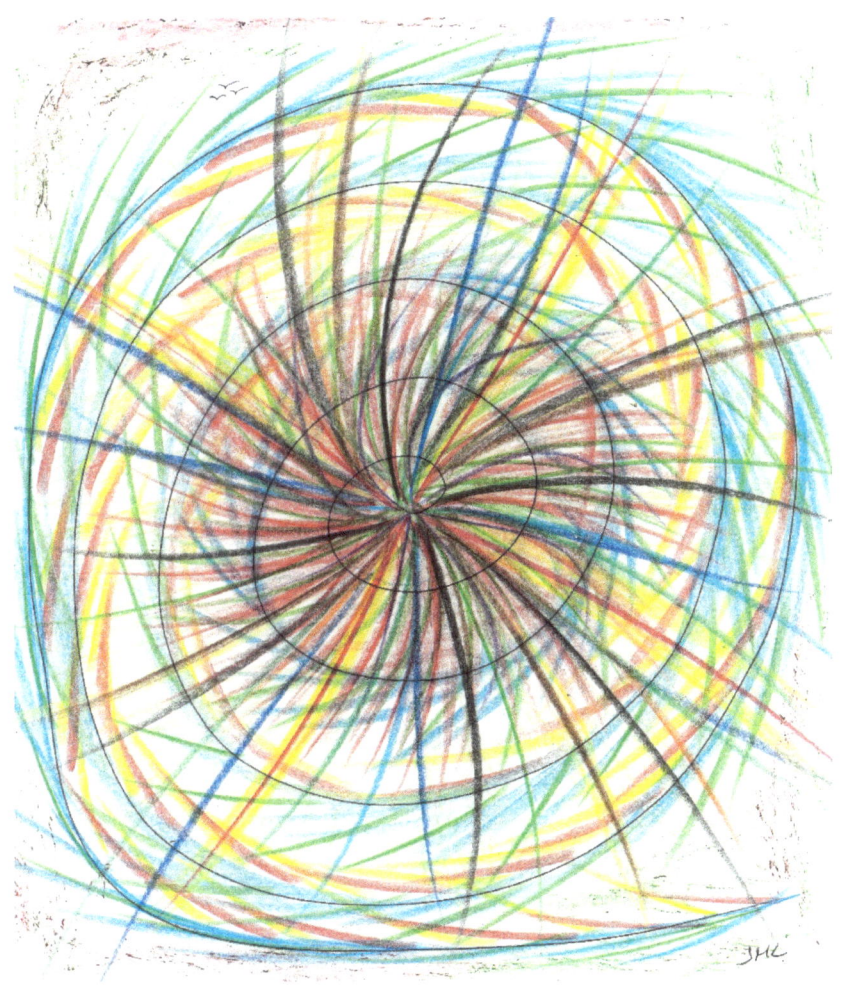

Con los ojos del alma

"México"

...amado Señor, enséñame a ser generoso, enséñame a servirte como mereces; a dar sin fijarme en lo que cuesta, a luchar sin prestar atención a las heridas, a sufrir sin buscar comodidad, a trabajar sin exigir recompensa, excepto la de saber que estoy haciendo tu voluntad...

San Ignacio de Loyola.

México

...amado Señor, enséñame a ser generoso; enséñame a servirte como mereces; a dar sin fijarme en lo que cuesta; a luchar sin prestar atención a las heridas; a sufrir sin buscar comodidad; a trabajar sin exigir recompensa, excepto la de saber que estoy haciendo tu voluntad...San Ignacio de Loyola

Mexico

...dear Lord, teach me to be generous; teach me to serve you as you deserve; to give without looking at what it costs; to fight without paying attention to the wounds; to suffer without seeking comfort; to work without demanding a reward, except for knowing that I am doing your will...Saint Ignatius of Loyola

Juan Miguel López

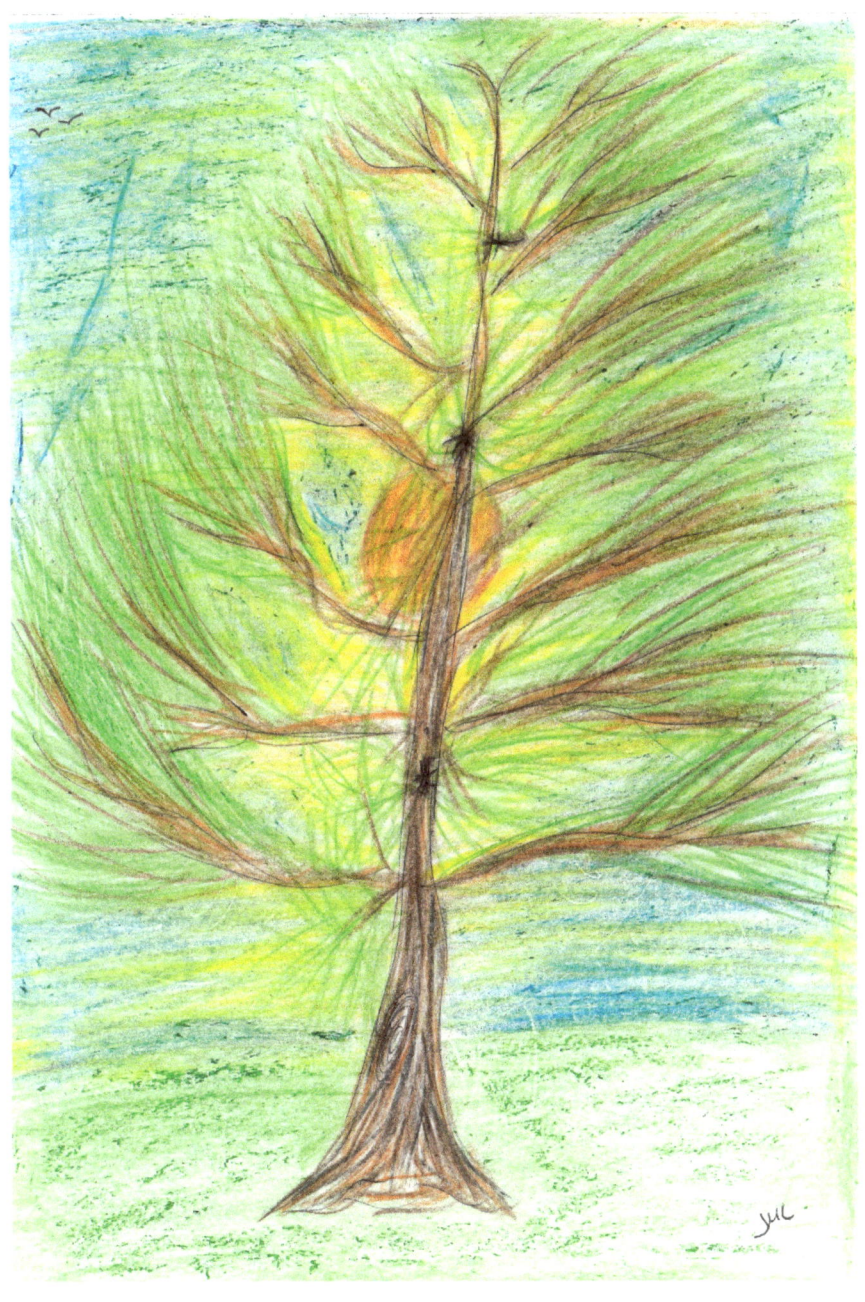

Con los ojos del alma

"Marzo, 13 del 2020 a las
6.45 pm en la carcel
de terrell. Rosharon, tejas, usa"

...La fuerza es vencida con el arte...
Miguel de Cervantes

Marzo 13 del 2020, a las 6.45 PM en la cárcel de Terrell. Rosharon, Texas.
USA

...La fuerza es vencida con el arte ..

Miguel de Cervantes

March 13, 2020, at 6:45 PM at the jail of Terrell. Rosharon, Texas. USA
...The force is defeated with art..

Miguel de Cervantes

Juan Miguel López

MI REALIDAD / MY REALITY

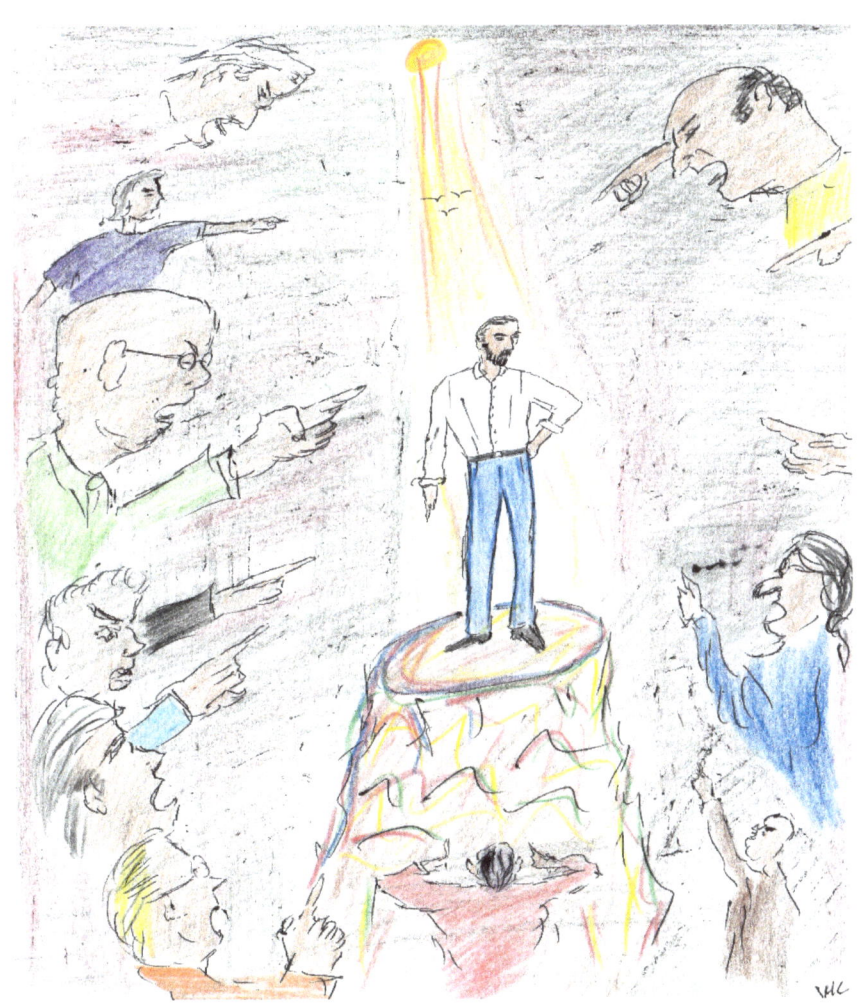

Con los ojos del alma

Mi juicio

28 de Noviembre 2018 inicia

6 de Diciembre culpable, 79 años

7 de diciembre, comienzan los 79.

Todos señalaron, yo no señalé (JML)

...el intento desesperado de comunicarse, acaba impidiendo la
comunicación ...

Salomón de la Calle

Juan Miguel López

My Trial
November 28, 2018 begins
December 6 guilty, 79 years
December 7, the 79 begin.
Everyone pointed, I didn't point (JML)
...the desperate attempt to communicate, ends up preventing
communication...

Solomon of the Street

Con los ojos del alma

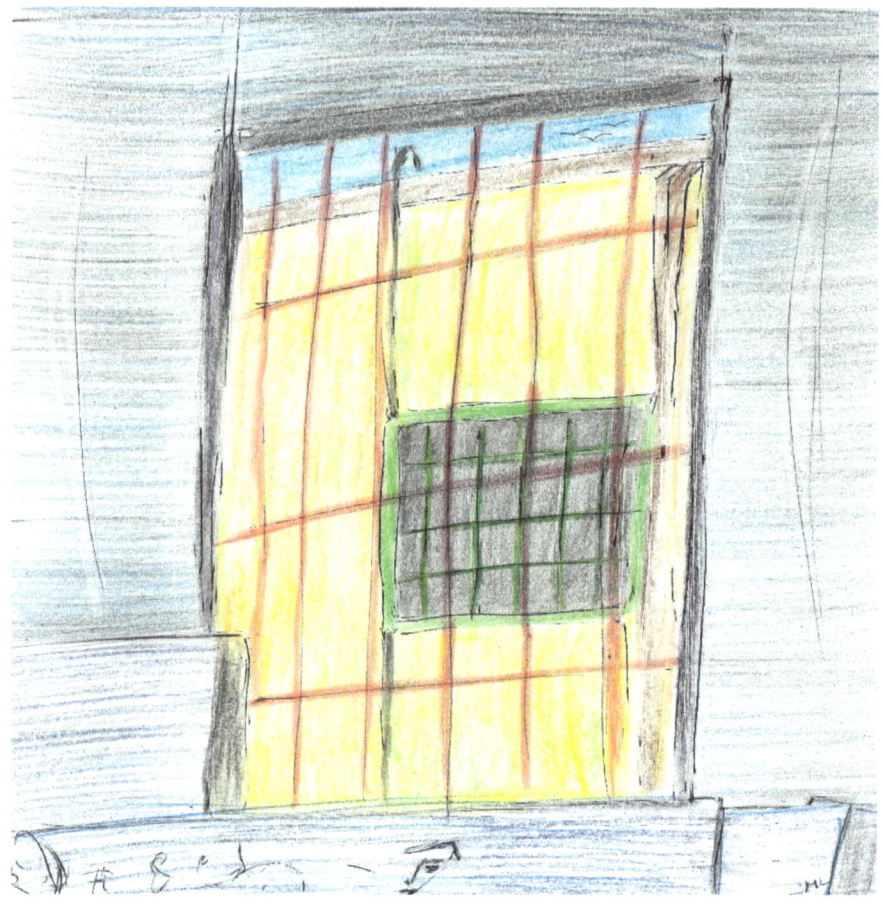

5:15 PM, April 24, 2021

... inside the cells it is dark...

...the window of my imprisoned neighbors...

It looks dark, that is how they see mine...

... and I'm inside, Yes! The sun does come in!, but it gets saddened and leaves...

... my heart is broken more than a jar of asylum ...Solomon of the Street

Juan Miguel López

— 5, 15 PM, Abril 24 del 2021 —

... dentro de las celdas, esta oscuro...
...la ventana de mis vecinos presos
se ve oscuro, así, ellos ven la mía...
... y yo estoy dentro, ¡sí entra el
sol!, pero se entristese y se va...
... mi corazón esta más roto que un jarro
de asilo...

Salomón de la Calle.

5,15 PM, Abril 24 de 2021

... dentro de las celdas está oscuro...

...la ventana de mis vecinos presos ...

Se ve oscuro, así ellos ven la mía...

... y yo estoy dentro, ¡sí entra el sol!, pero se entristece y se va...

... mi corazón está más roto que un jarro de asilo ...

Salomón de la Calle

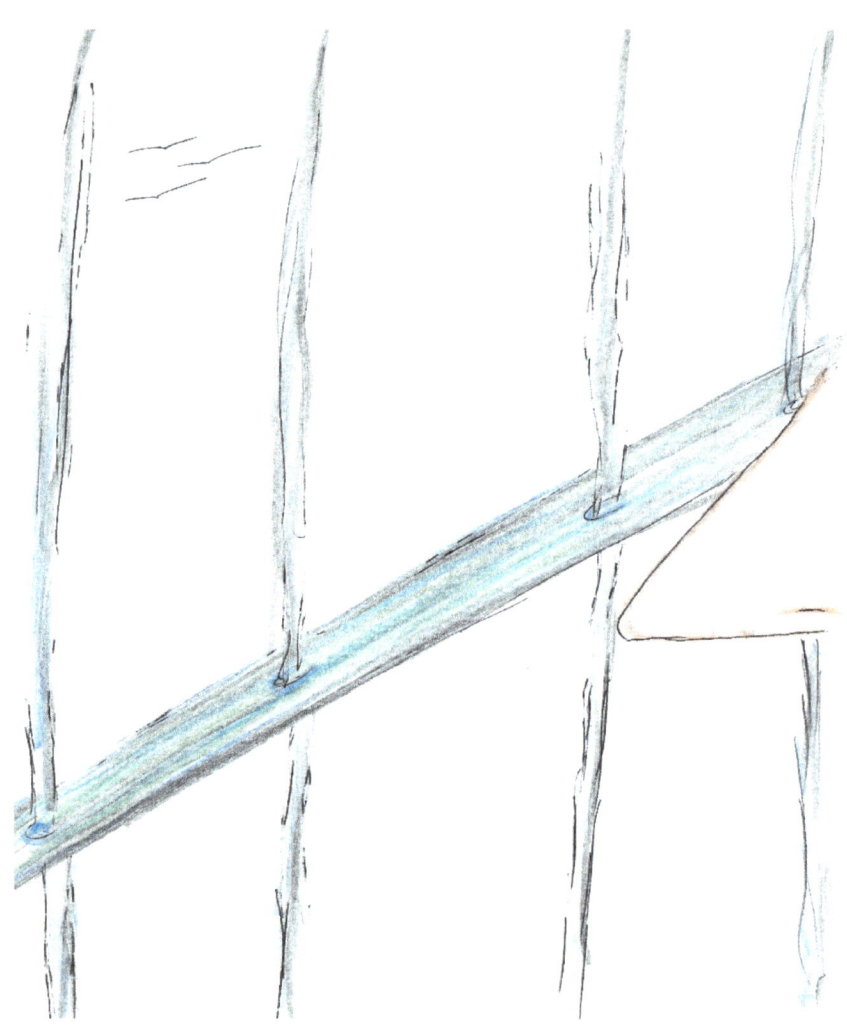

Juan Miguel López

— yo y mi no se ;
oliendo el cielo ... —
 # 27. B

Salomón de la Calle.

Yo y mi no sé; oliendo el cielo ...

 # 27 B

Salomón de la Calle

Me and I don't know: smelling the sky...
#27 B

Solomon of the Street

Con los ojos del alma

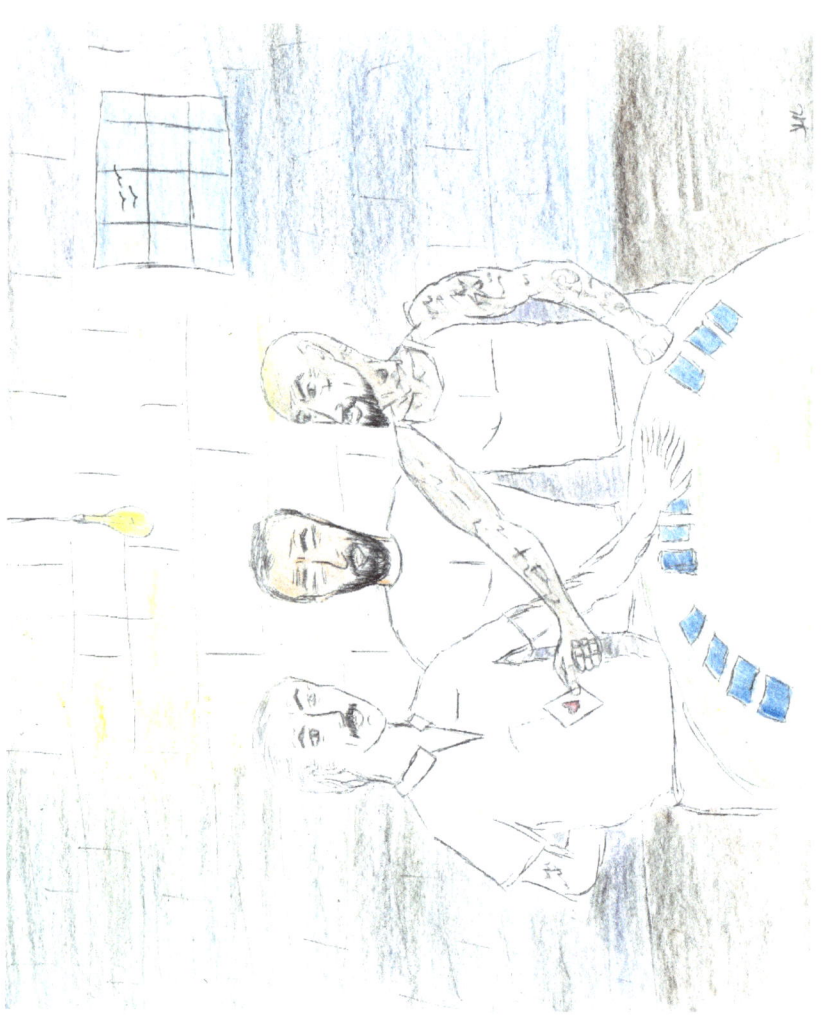

Juan Miguel López

aquí, matando el "coronatena"

El Mr Ed, yo y el Laredo.

Aquí, matando la "cuarentena"

El Mr. Ed, yo y El Laredo.

Here, killing the "quarantine"
The Mr. Ed, me and El Laredo.

Con los ojos del alma

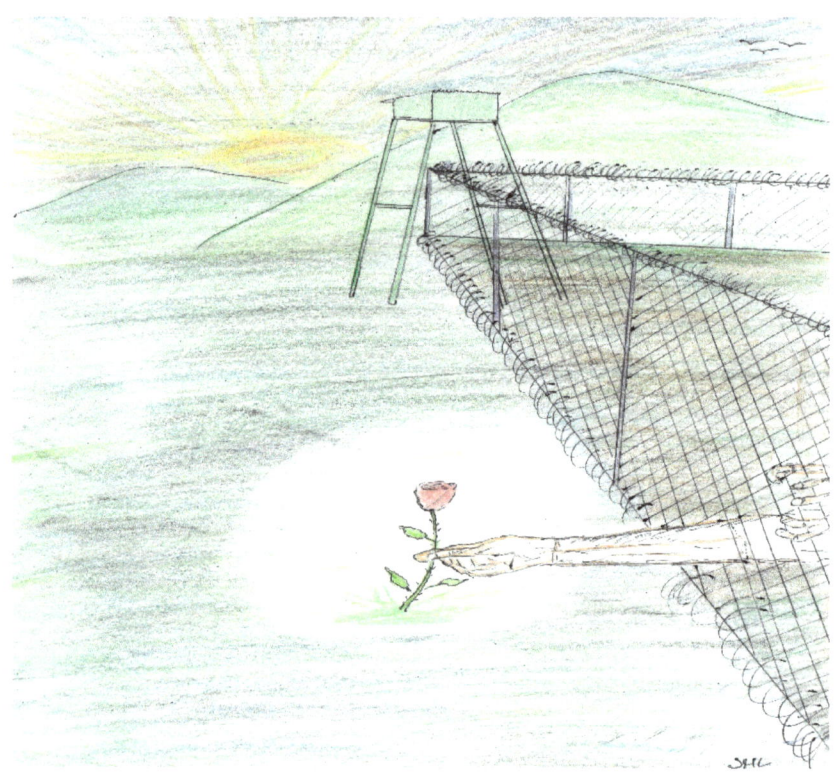

Juan Miguel López

¿El tiempo?... ahora estoy
sorfeando en él...
cou sos segoudos, minutos,
meses, años, detras, delaute,
y siento esa boisa deliciosa
que peuetra a mis vasos sangineas...
que se llama pasiencia!

Salomóu de la calle

¿El tiempo?. Ahora estoy surfeando en él ...

con esos segundos, minutos, meses, años; detrás, delante,y siento
esa brisa delicada, que penetra a mis vasos sangíneos ...que se
llama paciencia!.

Salomón de la Calle

The Time?. Now I am surfing in it...
with those seconds, minutes, months, years; behind, in front, and I
feel that delicate breeze, that penetrates my blood vessels...which is
called patience!.

Solomon of the Street

Con los ojos del alma

AUTO RETRATO / SELF PORTRAIT

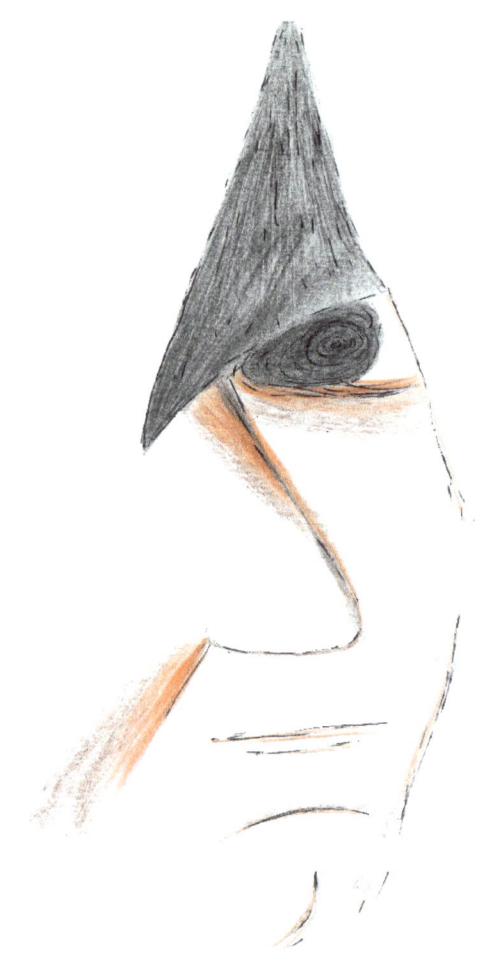

Juan Miguel López

— yo #14 —

... yo apunto lejos ...

Salomón de la Calle.

yo # 14

...yo apunto lejos ...

Salomón de la Calle

Me # 14

...I aim far...

Solomon of the Street

Con los ojos del alma

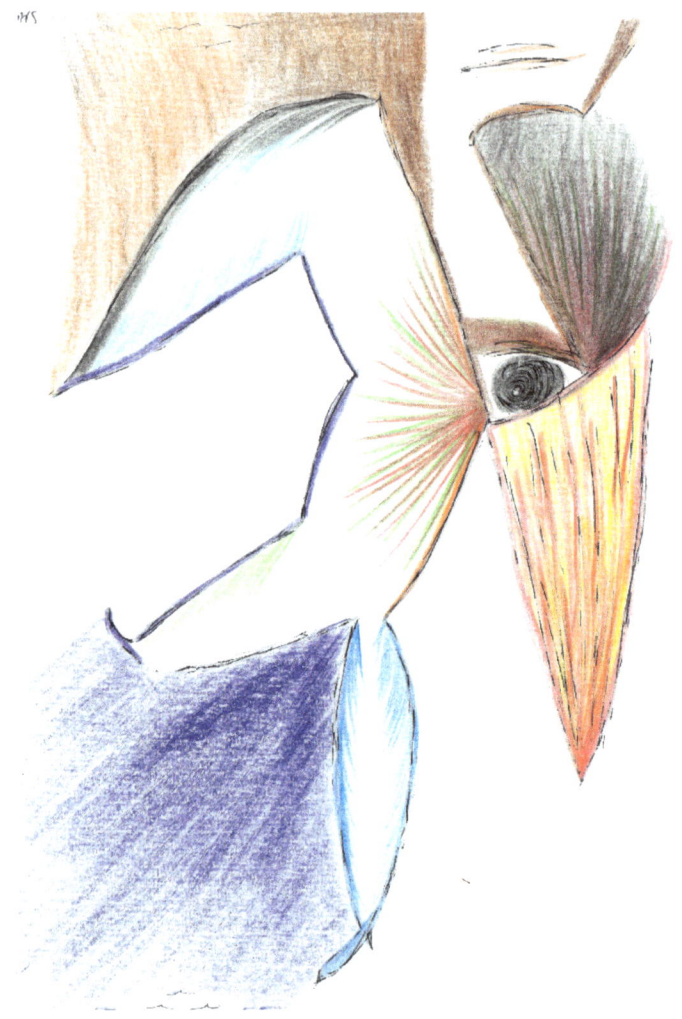

Juan Miguel López

— yo en 2x1 #15 —

...cada uno de nosotros, es una
totalidad...

Salomón de la Calle.

yo en 2x1 # 15

...cada uno de nosotros, es una totalidad...

Salomón de la Calle

Me in 2x1 # 15

...every one of us, is a totality...

Solomon of the Street

Con los ojos del alma

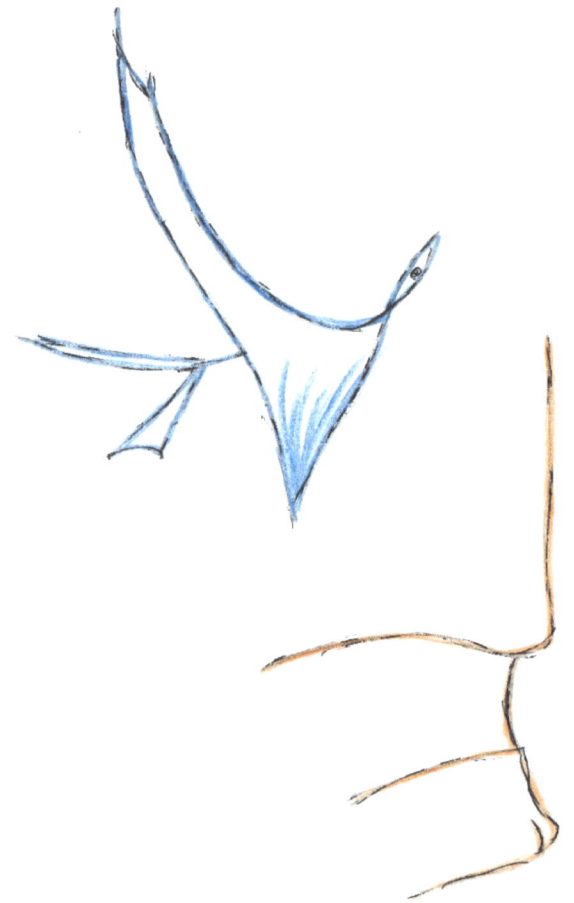

Juan Miguel López

— yo # 17 —

...hacía tantos años que no alzaba la cara, que me olvidé del cielo...

Salomón de la Calle.

yo # 17

...hacía tantos años que no alzaba la cara, que me olvidé del cielo ...

Salomón de la Calle ...

Me #17

...it had been so many years since I had raised my face, that I forgot about heaven...

Solomon of the Street...

Con los ojos del alma

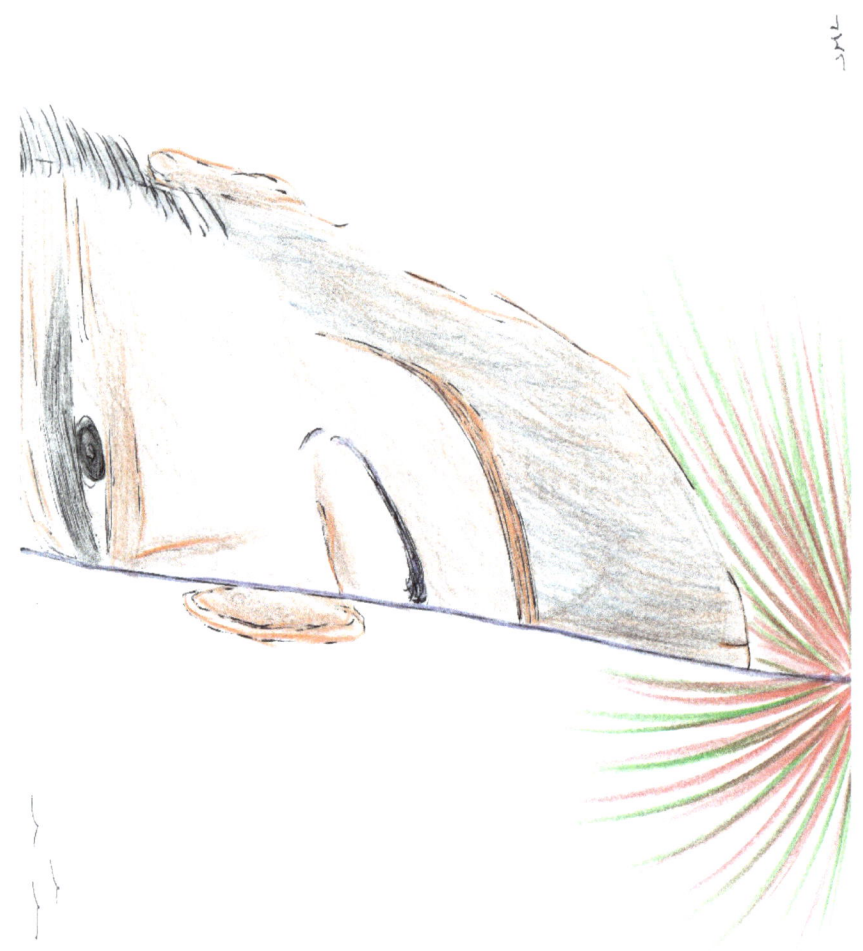

Juan Miguel López

— yo # 18 —

...tipo calambre ya estuvo ya fue...

Salomón de la Calle.

yo # 18

...tipo calambre, ya estuvo, ya fue ...

Salomón de la Calle

Me # 18
...like a cramp, it was there, it left...

Solomon of the Street

Con los ojos del alma

En los próximos tomos

Estirando el cuerpo

Personajes y Personas

Ópera

Difuminados

Las señoritas de la Rivera

Surrealismos

In the next volumes

Stretching the body

Characters and People

Opera

Blurrness

The Ladies of the Rivera

Surrealisms

www.ingramcontent.com/pod-product-compliance
Lightning Source LLC
Chambersburg PA
CBHW050754290526
45792CB00008B/2185